흐린 날의 기다림

흐린 날의 기다림

1쇄 찍음 / 2005년 12월 15일
1쇄 펴냄 / 2005년 12월 20일

지은이 / 고경수
펴낸이 / 김태봉
편 집 / 황은진, 김주영, 정종해
마케팅 / 박상필, 김미란
등 록 / 제4-414호
펴낸곳 / 도서출판 띠앗
(143-200)주소 / 서울시 광진구 구의동 243-22
전화 / (02)454-0492, 팩시밀리 (02)454-0493
HomePage http://ddiat.co.kr
E-mail ddiat@ddiat.co.kr

값 6,000원

ISBN 89-5854-035-4 03810

흐린 날의 기다림

고경수 시집

여는 글

친구는 말한다.
팔리지도 않는 시집을 왜 내냐고.
또 친구는 말한다.
살기도 힘든데
그런 곳에 왜 돈을 쓰냐고.

나는 말하고 싶다.
아직 사랑해야 할 것들이
너무 많이 있기 때문이라고.

또 나는 말하고 싶다.
가난한 삶으로부터
아픔을 느끼고
외로움을 함께 했던
그 수많은 인연과 바람과 꽃들과
추억에 대한
최소한의
답례일 뿐이라고.

목차

2. 몸부림

3. 기다림

4. 움직임

1 흔들림

오늘도 그 따스한 마음으로
자목련 한 송이 가슴으로 묻어 보련가
아직이라 말하며
영원히 계속될 것만 같은 슬픈 걸음에
오늘도 또 하나의 사연이
술꽃, 술꽃 되어 가슴으로 조여 온다

철거

슬픈 네 발걸음 따라
비가 내린다
이촌역, 마지막 남아 있던
단칸방들이
먼지가 되어 날리운다
추억은 현실을 만나면
한순간의 미련처럼
쓸모없는 망상이 되어 버린다
연탄불에 끓어오르는 묽은 라면줄을 봐라
탱탱 부어올라
넘치는 양에 웃음 한 번 지어 보랴
아이가 웃자 엄니는 성을 낸다
가난은 처음부터
생존을 보도록 한다
눈물로 적시던 겨울꽃도
흐드러지다,
강풍에 쫓긴다
그렇게 오늘도 또 하나의
풍경이 사라지고
그 사라진 풍경 뒤로
또 하나의 슬픔이 현실을 짓누른다

강물

강물은 어쩌면 한 번 즈음은
잠시 머물고 싶어 하는지도 모른다
강물은 어쩌면 한 번 즈음은
지나온 길을 되돌아보고
싶어 하는지도 모른다
살포시 엉긴 나뭇잎들이
갈 길을 재촉할 때에도
벌겋게 지는 저녁놀이
자꾸만 자꾸만 빨리 오라며
부추길 때에도
강물은 어쩌면 한 번 즈음은
잠시 멈추었다,
지나온 길로 되돌아가고 싶어 하는지도 모른다
처음 흐르던 곳으로 돌아가
태우고 오지 못해 한쪽 어귀에 쌓여
썩어 가고 있는 많은 나뭇잎들과
쌓은 돌벽이 너무 높아
힘겨워 하고 있을
친구들의 곁으로 가
힘을 합쳐, 함께 걸어가고 싶어 하는지도 모른다

장엄한 발걸음을 요하는 많은 것들 속에
강물은 어쩌면
그들을 타일러서라도
한 번 즈음은
되돌아가고 싶어 하는지도 모른다

폭우에 강물이 범람해
넓은 들녘을 적시는 건
아마도 이루지 못한 그의 눈물이기에

함께 걷는 길

친구야, 오늘도 헤매이련가
미치도록 시린 가슴은 봄꽃에
갈 길을 잃는다
사월이다
칠흑 같은 아픔마저
소주 한 병에 웃고 마는
초롱 같은 사월이다
오가던 그믐달마저 등을 돌리며
함박꽃 같은 네 모습에
모두가 무너져 내리는,
그리하여
온몸으로 울고 마는
사월이다

솟아나는 그리움의 물살들을 참노라면
미친 듯이 노래가 나오기도 하고
긴 밤이 다하도록 조용히 침묵하다
마침내 새벽별 같은 슬픔을
총총히 가슴에 묻고 마는

친구야,
그래도 그 아픔 가슴 한 포대로
담아낼 수 있었던 것은
바로
너와 내가 함께 했다는 이유 때문일 것이다

슬픈 그림

엄니는 신들려 무당이 되고
아비마저 뇌졸중으로 세상을 떠나니,
남은 건 텅 빈 방 안에
누렁이와 너뿐이구나
어지럽게 흐드러진 이불 더미와
며칠 째 묵었는지
곰팡이꽃이 대롱대롱 피어난 설거지통
그 아래로 누렁이가 남긴
좁쌀 같은 똥들이 그렁그렁,
어둠은 소리 없이 밤을 알리고
옥탑방 밑으론 웃옷을 다 벗어젖힌
몇몇의 인부들이 오늘도 병나발을 불어댄다
들려오는 외침에
공포처럼 다가서는 두려움,
계단을 오르면서 보았던 문신 때문이었을까
현관문을 잠그고
다시 방문을 굳게 잠그며
담배 한 개비를 피워본다
밤이 가련가
누렁이도 두려운가 울어댄다

내일은 또 어떤 두려움이 다가오련가
행복이란
너와 상관없는 잔치였던가

잃어버린 시간

찬바람이 등살을 타고 온몸으로
가시처럼 퍼져갈 때,
청량리역 광장 앞엔
가난한 맹인이 예수를 부르짖고 있었다
수없이 오고 가는 사람들의 틈 속에서
누구 하나 그의 말에 가슴을 적시는 사람은 없었다
오늘도 또 한 명의 사람이
묵은 골판지처럼 흐드러진 자신을 탓하는구나
알지 못한 채
푸념들만 깊어 간다

기다리다 지친 함성이 한 줄, 한 줄
힘을 잃어갈 즈음,
청량리역 구석 한켠엔 잠을 청하려 두섬두섬
사람들이 모여들고 있었다
어디에선가 이불을 준비한 사람이 먼저 하늘을 본다
아직 취기가 오르지 못한 사람은 판을 접지 못한 채
소주병을 입가 깊숙이 넣어 본다
하늘에선 꿈같은 별들이 대롱대롱 추억 보따리를
풀어놓기도 하지만

알지 못한 채, 슬픔에 지친 하루는
분노로 답하다 종점을 향한다

청량리역 광장 앞
새벽 한 시 경,
예수를 통해 희망이라 울부짖던
가난한 맹인의 눈가엔
가난한 예수의 눈물이 맺혀 간다

청춘의 벽

아직 내 청춘에 마침표를 찍지 못함은
기다림이라 말하며 흘려보낸 사연들이
술꽃, 술꽃 되어 가슴으로 피어나기 때문이다
스물을 시작할 무렵,
현실은 어디에서도 채울 수 없는
목마른 갈증의 연속이었다
흔들리며 넘어지고
흔들리며 부서져도
또다시 흔들리고 말았다
가야 할 이정표도 없이 분주하다 말하며
지쳐가던 흐름 속에서
그 흐름마저 잃고
빈방에 빈 육신을 가두어야만 했을 때
삶은 더 이상 희망으로 보이지 않았다
사랑이라 말하며,
행복을 알기 전에
슬픔을 터득해야만 했던
새여, 그믐날 저녁 새여
기약했던 새벽은 어쩌면 영원히 오지 못했을지도
어디에선가

오늘도 그 따스한 마음으로
자목련 한 송이 가슴으로 묻어 보련가
아직이라 말하며
영원히 계속될 것만 같은 슬픈 걸음에
오늘도 또 하나의 사연이
술꽃, 술꽃 되어 가슴으로 조여 온다

새벽의 창

새벽 강나루에 모여드는
따스한 풍경들처럼
우리가 사는 이곳이
사랑으로 물들 수 있다면
서로의 어깨 위에 놓인
쓸쓸한 짐이 걱정돼
수줍은 미소로 힘내요 라고
서로의 초롱 같은 눈빛 마주 볼 수 있다면
늘그막, 육십 촉 어두운 불빛에 모여드는
풋풋한 인연들과 함께
삶이란 다 그런 것이라며
소주 한 잔 건넬 수 있다면
사월의 혁명도
오월의 몸부림도
넋 되어 춤추겠지
가끔은 회장 댁 아들도
순대국밥을 맛깔스럽게 먹으며
소주 한 병에 고래고래
아주매와 정겨운 말놀이도 하고
가끔은 쪽방집 청년들과

강남의 처녀들이
서로의 가슴에 대고 아름다운 사랑을
밤새 나누기도 하며
한곳에 살고 있음을 사랑으로 느끼고
노래할 수 있다면,
그리하여
피고 지는 그 어떤 꽃들보다도
아름다운 모습으로
살아가는 이곳을
한없이 사랑할 수 있다면
권력도
돈도
모두 평온한 것들이 되겠지
모든 게 사랑으로
물들 수만 있다면

외로운 길

사랑이라 말하던 날들이 있었다
그리움이라 속삭이던 날들이

미친 듯이
울다가
미친 듯이
걷다가
사랑이라 부르며 지친 밤을
오직 가슴으로 답하던

그런 날들의 풍경 뒤엔
어김없이 미움도 사랑이었다
그리하여
슬픔도 행복이었다

비를 맞으며

골 깊은 상처들에
붉은 반점이 돋아날 때면
군산시 해망동 째보선창에 갔다
희망인지, 갈매기는 정신없이 울어대고
희망인지, 흥정을 하느라 솔잎처럼 파릇한
아주매들의 말소리에
담고 있던 생채기들은 허공을 헤집고
쓸쓸한 상처들이 또다시 돋아날까 두려워
삶의 옹이 같은 그 아픔이 두려워
밀물 같은 힘으로 굳세어진 삶
더 이상은 지난날의 아픈 추억 때문에
주저앉을 수는 없다며
모두들 쉼 없이 가고자 하는
그 한복판에
그 한복판에서
슬픔이라 말하던 내 아픔이 부끄러워
그만 주저앉았다

행복이란

그렇게 네 길에도
웃음처럼 꽃이 피어났으면
네 길이 옳았다고
너를 짓누르던 사람들이
뒤늦은 후회로
너를 감싸 안을 수 있다면
외길을 걷는
네 발걸음 속에도
한 번 즈음은 보람처럼
행복의 길이 펼쳐지겠지
좀 더 빨리
좀 더 많은 것을 얻기 위해
부서지는 가슴 곁으로
패랭이꽃이라도 되어 보면서
잠시
샛강에 가슴 한 번 적셔 보라며
빈 웃음이라도
서로가 서로에게 건넬 수 있다면
바람 한 점
노을 한 줄이면

어떠하리오
행복인 것을

거꾸로 흐르는 곳

가난도 힘이라는 것을
외로움도 보람이라는 것을
슬픔도 행복이라는 것을
어디 즈음 가야지
알 수 있을까
어제도 그랬듯이
오늘도 인월암 법문소리는
숲 속을 거니는데
그곳을 찾는 수많은 사람들만
웃고 울고
가난도
외로움도
슬픔도
어쩌면 희망이라는 것을
어디 즈음 가야지
알 수 있을까

하나를 위한 연가

밤이 깊을수록 새들은 더욱
울음을 키워갔다
비단 떠나가는 자들에 대한
슬픈 그리움만은 아니었던 거 같다
운명이라 말하며
실타래처럼 얽히고설킨
먹구름빛 사연들에 대한
경의였을까
누구는 오늘도 빈 밥그릇에 초롱 같은
희망을 들이붓는다

좁쌀 같은 기다림도 행복이랴

저녁 새

그리하여 나는
잘리어진 밑동으로
너를
기다리리라
저녁 산에도 바람은 오고
풀벌레들은 마주 앉아
긴 얘기 피워가니
바닥에서 쓰러진 모든 사연들도
한줄기 노래로
다시 울리리라
온몸으로 노래하다
남는 건 그믐달 속에 가리운
한줄기 서글픈 사연,
소소히 잠들어 갈 지라도
그렁그렁 매화꽃 향기는
울고 있는 가슴마다 피어나리

지지 않는 꽃이라면

지지 않는 꽃이라면
잡초에 가린 삶일지라도
지지 않는 꽃이라면
그 길을 걷고 싶다
오고 가는 사람들의 발길에 치이고
무명의 그림자를 가슴으로만 삭일지라도
하나로 피어나는 그리움이라면
목이 잘릴지라도
지지 않는 꽃으로 살고 싶다
긴 밤, 초롱불 하나 밝히지 못하는
어두운 숲 속에서
숨죽인 울음들만 그렁그렁
새벽별마저 오다 말지라도
지지 않는 꽃이라면
자랑스레 그 길을 걷고 싶다

모든 아픔이 잠든 곳에

그렇다
피다 지는 꽃들도 웃으며 간다
벌초꾼의 낫에 잘리어 온몸이 조각나도
바람 속으로 저미어 가는 것을 안다
마지막 작별의 인사일랑
지켜보는 자의 설픈 몸부림일 뿐이다
이름 없이 피어나
이름 없이 가는
모든 삶들이 그러하듯
마지막 남는 건 그렇게 계속되어진
순간, 순간뿐이었을 것이다
어딘 듯 헤진 사연 있어
먹구름빛 즐비어 돋아날지라도
초롱 가슴 웃으며 간다

저녁 강

강물도 못 다한 사연이 있을까
그래, 저녁 강물 위에 한 움큼씩 빛을 발하는
저 무수한 흔들림을 보면
강물도 그렇게 철창 가슴은 못되나 봐
아니, 그보다 잊을 수 없는 사연의 몸부림이
더 클지도 몰라
잊었노라 생각하다가도 물밀 듯이 찾아와
가슴속을 벌겋게 여미는 것을 보면
막아도 막아도 끊임없이 돋아나는 그리움
홀로 걸을수록 더욱 더 또렷이
설픈 윤곽을 드러내는
강물도 그런 사연을 안고 있나 봐
밤이 깊을수록 속가슴을 저리도
깊게 드리우는 것을 보니

2 몸부림

가는 발걸음마다 선생의 미소가…
잃지 말라는 구원의 미소였을까
대숲을 지나 마을 어귀에 내려왔을 때야
가슴은 조금씩
따스함으로 적셔 왔다

흔들림의 추억

누구나 한 번 즈음은
처음 그 자리에서
기다림도 없이
모든 게 피어나기를 기도합니다
외사랑이 그러하듯
누구나 한 번 즈음은
처음 그 자리에서
모든 열정이 샘솟듯 솟구치기를
꿈꾸어 봅니다
막연한 그리움에 지쳐
먹구름빛 눈망울을
초롱 가슴에 새길지라도
누구나 한 번 즈음은
처음이 마지막이라 말하며
그렇게 간절한 고해를
가슴 가득 드리웁니다
설령 그런 바람이
피지도 못한 채 메말라 가야만 한다는 것을
알지라도

절망 앞에서

지금 내가 꿈꾸는 건 절망이 아니라
그건 분명 희망이다
희망이기에 나는 지금 절망하고 있는 것이다
보이지 않는 길 앞에 날빛 푸르른 야생초가
미친 듯이 몸을 흔들어 댄다
짧았던 기억,
온몸을 적시던 황혼 연가에
시린 가슴은 한 폭의 수채화로 피어나련가
발밑으로 찾아드는 어둠의 군단들이
멈칫 멈칫
어딘 듯 절망이 없는 희망이 있으리오
촉촉한 봄비에 향기 더하는 야생초
그 이름 없는 풀들의 몸짓처럼
절망하기에 나는 지금 희망이란 두 글자를
파릇파릇 새기고 있는 것이다

바람에 흔들리는 것

가을바람 두고 꼿꼿이 서 있는
철 같은 나무들을 볼 때면
뜻 없이 저문 가슴에 한기가 서려온다
그 강인함에 부끄러워 부끄러워… 아니,
그냥 그렇게 독한 가슴 짊어지고 걸어가는
사람들의 눈빛,
그 삼엄한 군단 같은 그 눈빛 생각나
풀린 입가에 주름이 맺혀 온다
흔들리는 건 제 몸조차 가눌 수 없는
어리고 약한 것들뿐이다
그러나 이상하게도 우린 그 숙연한 몸짓을 보며
또 하나의 희망을 담아 보기도 하고
또 하나의 아픔을
여린 가슴에 조용히 새기어 본다
흔들린다는 것
불어오는 자그마한 바람 한 조각에 흔들린다는 것은
어쩌면 절망이기에 앞서
이루어야 할 무언가를
꿈꾸고 있기 때문이 아닐까

꿈꾸는 자의 밤

친구야, 오늘도 꿈꾸련가
차가운 바람은 빈 거리를 들썩들썩
말없이 찾아온 겨울은 그렇게 또다시
우리 앞에 드리우는데
친구야, 꿈꾸련가
그믐달마저 가뭇가뭇 서럽다 등을 돌리건만
초롱 같은 선한 눈물만 가슴에 아롱아롱
마침내 오늘도 솟아나련가
온몸으로

친구야, 그러나 오늘도 우린 그 아픔
한 포대로 담아낼 수 있으려다
길이란 처음부터 모질고 드센 사람들이 만들어 낸
블랙홀 같은 것인지도 모르오
그 길이 정답인 양 정신없이 헤매이다
마침내 그 끝은
아무 것도 없는 텅 빈 허무함만이 남으려니

친구야, 그러고 보니 인생의 참맛은
지금 이 순간에 있는 거 같소

설령 그것이 우리를 좀먹는 옹이 같은
서러움뿐일지라도
간다 간다 정신없이 재촉하다
울 엄니 없는 날
또다시 길 앞에 남는 건
텅 빈 그리움뿐이기에

지는 꽃

길을 걷다 불현 듯
한철 곱게 물들다 지고 마는
이름 모를 꽃들의 몸짓 앞에서
우리네 발걸음도 그러함을 알아갑니다
나조차 어찌할 수 없는
그리움과 아픔 앞에서
정승처럼 굳게 다짐하던
눈물의 서약마저도
속절없이 흘러가는 발걸음 앞에 묻히어 묻히어
깨알 같은 기억으로 우리네 가슴 앞에 여울질 무렵
희미한 기억 속에 머뭇거리는 건
오직 살아 있음의 순간, 순간을 위한
찬송에 지나지 않았음을

그러다 또다시 길을 걸어갑니다

비가 오고, 옥 같이 빛나는 푸른 나뭇잎 위에
얹혀진 방울방울
그로부터 또다시 꽃은 피어나고
지는 그때를 알지 못한 채

또다시 꽃은 피어나
미치도록 우리네 가슴을 적시어 오는 꽃은 피어나기에
순간, 또다시 우리네 발걸음 사이사이에도
출렁이는 강물이
바다보다도 깊게 흘러갑니다

너의 아픔이 희망이 될 순 없을까

너에게 주어진 어두운 배경은
너를 더욱 단련시키기 위한
소중한 밑거름이 될 수는 없을까
순간순간 너보다 화려한 친구들의 등살에 밀려
구석진 곳으로 쫓기어 갈 때
너의 우울함으로 새로운 희망의 씨앗을 가슴 가득
품을 순 없을까

"그러기엔 아직 힘이 없다고
나에게 주어진 배경은
내 삶을 갉아먹는 좀벌레와 같다고
너는 말한다"

보일 듯, 그런 너의 마음으로 비추어진
십 년 후의 네 모습이 나를 자꾸만 조여 온다
나에게 주어진 어두운 배경은
삶을 더욱 분노하게 만들었으며
사랑을 알기에 앞서
미움과 원망을 가슴 속에 드리웠기에
그런 너를 볼 때마다

나의 어두웠던 배경은 너를 더욱
슬프게 만든다
너의 눈물이 분노로 다가올 때
세상은 더 이상 행복이란 두 글자를
네 작은 가슴에 안겨주진 않는다
오직 산다는 건 싸움일 뿐이라는 것을
너는 깨닫게 될 것이다
그리하여 너의 그 푸른 눈망울은
빛을 잃은 채 하루하루 군단의 행렬을 주시하듯
살아가야만 할 것이다

오늘 이 순간 나는 세상에 대한
나의 분노와 슬픔을 접겠노라 다짐한다
내일 너의 눈빛 속에
나와 같은 슬픔을 안기어 주지 않기 위해서

산

산이라면
말없이 침묵할 수 있는 산이라면
헐벗은 몸이라도 좋아라
밤이 오면 육중한 그림자 벗 삼고
비가 나리면 빗속에 젖어 살고
눈이 오면 눈 속에 묻히어 가면 되지
한결같은 마음에
흔들림이 있으리오
동자승이 보고 웃으면 오라 오라
트인 가슴 풍경 소리에 모아 들려주며
잃어버린 따스함을
가슴으로 보여주지
산이라면
산이라면

고해

진정
너의 향기가 아름다웠다고 말할 수 있으랴
진정
네가 꿈꾸는 삶의 모습이
진정, 사랑이라 노래할 수 있으랴
화려함만이 아니었다고
나로 인한 주위의 따스한 숨결을 꿈꾸었을 뿐이라고
잃어버린 길 앞에서
진정 고해할 수 있으랴
가로등빛 그림자
우수에 잠긴 그 빛 앞에서
부르는 노래는
시방 아름답게 흘러가는가
지는 별빛 앞에 부끄러워 부끄러워
잃어버린 길 속에 주저앉는다

故 최명희 묘비 앞에서

찬바람 때문만은,
헐벗은 나무들의 싸늘한 인사 때문만은
아니었을 것이다
가슴이 요동치고 있었다
선생의 혼불이 마치 가슴에 와 닿듯
십칠 년 대작을 향한 몸부림
그 눈빛이 무슨 회오리처럼 가슴속을
헤집고 다녔다

이름 모를 새들이 뜬금없이
지저귀고
구름에 빛을 잃었던 따스한 태양이
묘지 위를 밝힌다

글쟁이의 삶을 바라는 나,
하지만 선생의 혼불 앞에선 그 길이
그저 두렵기만 했다
누군가 버리고 간 소주병을 치우려다
성급히 산 위로 올라갔다

가는 발걸음마다 선생의 미소가…
잃지 말라는 구원의 미소였을까
대숲을 지나 마을 어귀에 내려왔을 때야
가슴은 조금씩
따스함으로 적셔 왔다

동행

쉽지만은 않을 것이다
나로부터 벗어나 다른 누군가의 발걸음에
숨결을 맞추고
행보를 같이 한다는 것이란
쉽지만은 않을 것이다

오래된 텃밭에
묵은 야생초를 갈아엎고
소박한 웃음의 꽃들을 피워간다는 것이란
쉽지만은 않을 것이다

그러나 오늘도 많은 사람들이
그 쉽지 않은 길을 향해
걸어간다
오직 따스한 가슴 하나만으로
노래할 수 있는 길이기에

눈 내리는 강가에서

한 번 즈음
외로움이라 말할 수 있는 발걸음을
그대 곁에 던지고 싶다

쫓기다 지친 새 떼들이
노을 속으로 묻히어 가는 것처럼
한 번 즈음
그렇게 물 먹은 눈빛 안고
그대 곁에 서고 싶다

말없이 피었다 지는
그 모든 사연 앞에서
네가 그러하듯
나 또한 그대 곁에 한 번 즈음은
눈 내리는 강물처럼
그렇게 내리고 싶다

기억의 덧니

잊혀짐은 그리움을 남긴다
풀이 돋듯
계절의 변화 앞에 수긍함은
그저 살아감의 또 다른 습관일 뿐,
바람은 불어온다
기억의 덧니는 좀처럼
동행을 하지 않는다
이 길인가 싶어 찾으면
또 하나의 빛으로 그리움으로
조여온다
그리하여
또 하나의 가슴엔 늘
파편 같은 조각들이 꿈틀꿈틀,
또 하나의 희망을 짓누른다
잊혀짐보다
더욱 큰 침묵으로

여유로운 상상

걸쭉한 삶 속에도 새벽은 오는가
깊어가는 술판에 나지막히 얼굴을 붉히는
노가네 앞마당엔
시방 초롱 같은 별잔치는 흐드러지나니

오가는 바람에 두섬두섬 밀고 제치는
사연들은
무엇을 위한 서로의 쟁탈전이기에
이리도 깊게 드리우는가

꽃이 피기도 전에
설픈 사연의 무늬들은
들썩한 몸부림, 다칠라 용팔이야
구슬 같은 눈망울에 노을꽃만 그렁그렁
밤새 긴 어둠의 터널 속으론
타기도 전에 그 빛 한 번 뽐내지 못한
사연들이
가슴으로 울어대는가

정혜사 동자승이 보며 웃는다

슬픈 이별

그렇게 사라지는 것이라 해두자
묵은 장작보다 못한
가루가 되어
그렇게 잊혀지는 것이라 해두자
남아 있는 자의 기억 속에
때 없이 스미어 오는
미풍의 숨결처럼
그렇게 홀로 하는 것이라 해두자
날파람 타고
미련 없이 가도록 하자

그리하여 울 수 있다

그러나,
바보처럼
네 곁에서만 초롱꽃은 피어났다
네가 남긴 흔적 앞에서
물컹물컹한 사연들은
쉽사리 긴 밤을 보내지 않았건만
바보 같은 희망은
네 뒤에서만 우리를 기다리고 있었다
길이 끝나는 곳에서
이제 행복이라 말하고 싶은 그곳에서
어김없이 너는
말한다
또 다른 시작이 남았다고
또 다른 그 무엇이 아직 남아 있다고
슬프도록 가슴 아픈 너는
그렇게 잠깐 동안의 행복한 단상을
뒤로 돌린다
사랑이 있는 한
아마도 너와의 작별은
쉽게 끝나지 않으리라

추억이란

추억이란 두 글자 속에
우린 참 많은 것들을 묻으며 살아간다
때론 긴 밤을 그 속에 잠기어
들뜬 가슴을 휘저어 보기도 하고
때론 어찌할 수 없는 아쉬움으로
못내 그렁그렁한 눈물을 지어 보기도 한다
우린 그렇게 추억이란 두 글자를
가슴에 묻으며
살아가는 것을 조금씩 알아간다
되돌릴 수 없는 시간 속에서
지금의 나는
지난 사연들이 있게 해 준
고귀한 존재이려다
설령 아픔으로 얼룩진 기억만이
실타래처럼 드렁드렁 맺혀 있을지라도
지나간 시간 앞에선 모두가
소중한 것이다
추억이란 그런 것이다
아픔마저 더없이 소중하게 만들며
살아 있음에 대한 의미를 전해 주는

그리하여 추억이 많은 인생은 아름다운 것이다
그건 곧 살아감에 있어 순간순간
쉽지 않은 의미를 부여하며
살아왔다는 것이기에

3 기다림

사랑하게 하소서
그 어떤 운명의 사슬 앞에서도
꼭 사랑하는 마음만은 저버리지 않도록 하소서
세상의 모든 길은 바로
사랑하는 순간부터 시작됨을
알게 하소서

구절초

소리 없이 울 수 있는
벙어리새였으면
슬픔도 더욱 깊게 드리울 수 있을 텐데
그러지 못한 사연 하나
주름주름 깊게 그리다
말없이 지우며 떠난다
이별이야
밀물처럼 오고 가는 것이기에
늘 가슴으로 준비하건만
남는 그리움, 달랠 길 없어
머뭇머뭇, 긴 숨만 들이쉬다
행복하라
행복하라면서
그리움의 물살을 가라앉힌다

길 가운데, 쓸쓸한 움직임

아무도 없는 텅 빈 기차에 발을 올린 적이 있다
여정을 풀고
등받이를 뒤로 힘껏 젖히고
신발을 벗고
발밑으로 스며 오는 라디에이터의 포근한 기운과 함께
그리움 속으로 묻혀 갈 무렵,
푸른색 정장 차림의 승무원이 내 곁으로 다가왔다

- 어디 가시려고요?
- 동해에 가려고 하는데요
- 아저씨, 조금 이상하지 않아요?
- ……
- 이 기차 안에 아저씨 혼자만 있는 것이
- ……
- 이 기차는 여기가 종착역입니다
  동해를 가려거든 저 옆 기차를 타세요

아무도 가려고 하지 않는 길을 걸어간 적이 있다
모두가 저마다의 꿈이라 말하며
주위 가득 곱게 드리워진 이정표에 달라붙어 걸어갈 때

오직 내 안의 이정표만을 벗 삼아
진흙 같은 두려움 안고 그렇게 걸어간 적이 있다
그때도 결국 난
멀어져 가는 그들의 모습을 보면서
뜻 없이 그들의 대열에 동조해야만 했다
그후
지금도 난 가끔씩
모두가 만들어 놓은 이정표와는 다른 길을 걸어간다
아무도 닫지 않는
아무도 걷지 않는
아무도 기다려 주지 않는
그곳에 발을 디딘다
그러나 지금도 난 얼마 가지 못해
두려운 마음만 가득 안고 그들의 대열에 동조하고 만다
길은 분명 어디에도 없을진데
가려 하는 우리 삶은 마치 하나의 목적지만을 향하는
기차처럼
알 수 없는 이정표에 길들어 있다

작은 잎새 하나*

그토록 눈부시던 햇살이
나뭇잎 하나에 묻히어 가네
그 바람에 나도 묻히어 가네
내 모습 하나 가리운 그늘 속에
내 마음 모두 빼앗긴 아픔 담아
길게 줄지어 걸어온 세월의 실타래 속에
허위허위 엮어온 슬픔 담아,
바람 불면 지고 구름 걷히면 밝아올 일인데
그 그늘 속에
그 순간의 아픔 속에 묵어묵어
짧은 세월 긴 아픔 엮어 왔네

흔들리는 나뭇잎 사이, 비추어지는 빛 속에
또다시 바람 자면 그 빛 가려지고
다가올 아픔 두려워 아픔 두려워서
오는 기쁨 슬픔으로 눈물 흘렸네
차라리 그런 아픔 많은 밤이 좋았네
아픔 속에 그렇게 묻혀 가는 밤이 좋았네

---

* 전북대 학술문학상(96년) 당선작

다가올 기쁨 바라지 않고, 고된 삶
별이 되어 밝아오는
밤이 밤이 좋았네

그곳엔 우울함과 눈물만이 가득했어도
모두가 목련꽃 같은 순수한 눈빛을 가지고 있었다네
그곳엔 부둥키며 치여 가는 몸부림도 없다네
그곳엔 썩어 가며 피어나는 그 무엇도 없다네
오직 이슬 맺힌 눈빛 가득 별빛만 반짝이고 있었다네

바람 일고 낙엽 져 햇살 가득 비추어 오면
웃음 가득 그 기쁨 속에 묻히어 갈까
아니, 그냥 그 아픔 속에 묻히어 가려 하네
그래야 그래야 내일 또 친구들 만나지 않겠어

회상

아버지는 말씀하신다
삶이란 용서하는 것이라고
나를 용서하는 마음으로
모든 인연들을 용서하라고
용서하지 못하는 삶이란
온몸에 옹이 같은 설움만
키우는 것이라며

아버지는 말씀하신다
삶이란 마지막까지 사랑하는 것이라고
나를 사랑하는 마음으로
모든 인연들을 사랑하라고
사랑하지 못하는 삶이란
온몸에 가시 같은 분노만
키우는 것이라며

아버지는 그리고 또
말씀하신다
삶이란 슬퍼할 줄 아는 것이라고
삶이란 쓸쓸한 것이며

그 쓸쓸함을 알 때
보다 큰 행복을
담을 수 있는 것이라며

말하지 못하는 꿈

아이는 말한다
부자가 되고 싶다고
왜 부자가 되고 싶니 라고 묻자
아이는 말한다
돈이 많으면 좋으니깐요
그러면서 웃는다
돈이 많으면 뭐가 좋은데 라고 묻자
아이는 잠시 침묵하더니
또 한 번 웃는다

돈은 그렇게 우상이 되어 간다
사람들 속으로
사람보다 더한 향기가 되어
그들을 파괴한다

기억의 몸부림

너를 기다리다 울고 말았던
마지막 간이역에
지금도 패랭이꽃이 피어나는가
어디 즈음일까
나를 버리고
너에게 향하는 길이 분명
꿈처럼 있을 거라 수없이 그려 보다
못내 너를 담지 못했던 내가 싫어
울고 말았다
너보다 나를 사랑했기 때문일까
수없이 오고 가는
인연들처럼
뜻 없이 흔들리는 마음이라면
기다림의 자세로
너를 기다리겠지만
마지막 간이역엔 더 이상 열차가 오지 않았다
오래된 기억들만
가슴에 새겨둔 채

행복이랴 슬픔이랴

노가네 앞마당엔 감나무가 있다
누가 봐도 족히 반세기는 되어 보인다
올 가을에도 어김없이
그곳엔 묽은 홍씨가 주렁주렁 열릴 것이다
맏딸인 정자는 오늘도 예수를 부른다
제정신인지 아닌지 예수를 부르다 잠이 든다
줄줄이 대를 이어온 아들들은
교통사고에
사업 실패에
노름에
줄줄이 어둠 속으로 끌려갔다
노가네 앞마당엔 아이들의 웃음소리가 끊이질 않는다
모두가 버려진 아이들이다
이혼과
죽음과
정신이상으로
올해 여든이 되는 노가는
오늘도 밥상을 차린다
김치에 고추장
그리고 고추 몇 개

흐드러진 밥상이 두 개다
정신없이 숟가락이 움직이는 밥상 위
노가는 다시 한 번 희망을 속삭인다
행복이랴 슬픔이랴

서약

기다리리라
저녁 강물 앞에서
다시 한 번
정직하게 노래할 날들을
장죽처럼 자라나던
그 뜨거운 열정으로
다시 한 번
너를,
기다리리라

흔들림

가슴으로 너를 대하지 못했던 나를 용서해라
나에게 주어진 권위의 힘으로
너의 불만을 잠재우고
관심이란 명목으로
나의 잘못됨을 보지 못한 채
모든 것을 지시하고
가르치려 했던 나를,
한 사람으로서
있는 그대로의 너를 존중한다면서
마지막으로 너에게 요구하는 것은
결국 권위와 내가
합의한 조건이었으니
차라리 처음부터
사랑이니 관심이니 열정이니 하는 말이 아니었다면
나에게 주어진 죄책감이 덜할까
수없이 너에게 내던졌던 말들 앞에
새벽길마저 닫힌다

황혼 녘

이제 황혼이 짓눌리는
강변으로 가자
가슴으로 새기던
초롱 눈빛 머금고
모두가 사랑으로 울다 죽어 가는
초저녁 강변으로 가자
패랭이꽃이면 어떻고
개불알꽃이면 어떠하리
이름 없어도
물먹은 가슴엔 그리는 그리는
사랑뿐이니

슬픔의 뿌리

너를 기다리다
마지막까지 별만 보고 돌아설 때면
전하지 못한 그리움 하나에
눈물이 맺힌다

어딘 듯 가슴 한켠에
봉숭화꽃처럼 물들인 마음을
전할 순 없을까

밤이 오면
별이 뜨고
달이 뜨듯이
너를 기다리던 마음도 그렇게
깊어만 간다

소년을 위한 기도

사랑하게 하소서
그 모습이 온갖 비난과 얼룩진 상처들로
되새겨져 있을지라도
사랑하게 하소서
마지막까지 자신을 지켜 주는 건 사랑임을 알게 하소서
그리하여 씻겨진 사랑의 마음으로
주변의 작은 것들을 사랑하고
나아가 세상의 모든 사연들을 사랑으로 품게 하소서
함께 함을 알게 하소서
이름 없이 피었다 지는 무수한 야생초들이 어우러져
따스한 풀숲을 만들 듯이
서로의 가슴에 드리운 벽을 허물고
내가 네가 될 수 있는
그런 삶을 살게 하소서
또한 수없이 직면하는 경쟁의 실타래 속에서
항상 겸손한 가운에 희망의 열쇠를 잃지 않도록 하소서
마지막까지 꿈을 져버리지 않도록 하소서
최고는 아닐지라도
최선을 다하는 자신의 모습에서
진정한 행복을 찾게 하소서

좌절과 절망의 파도가 쉽사리 몰아칠 때에도
항상 내일을 기다리며
또다시 달려가는
그런 삶을 살게 하소서
그리고 마지막으로 또다시 사랑하게 하소서
절망의 낭떠러지에서 숨죽이는 순간일지어도
사랑하게 하소서
그 어떤 운명의 사슬 앞에서도
꼭 사랑하는 마음만은 저버리지 않도록 하소서
세상의 모든 길은 바로
사랑하는 순간부터 시작됨을
알게 하소서

스물, 청춘

밤새 별을 헤다
새벽이 오면
남는 것이라곤 텅 빈 허무함뿐이었다
어둠 속에서 쉼 없이 찾고 찾았던
은하 건너 저 아름다운 세상은
현실 속에선 철저하게 이단자였다
스물이라는 청춘은
그렇게 이루어질 수 없는 사랑을
미친 듯이 해야만 살아갈 수 있었다
소주 몇 잔에 의식을 잃고
쉴 새 없이 기타를 쳐 봐도
채울 수 없는 열정에
원망스런 하늘에 대고 설움을 토해야만 했다
어디에도 벽은 없었다
벽이란 오직 나와의 싸움에서
패자가 되는 것뿐이었다
자유니
죽음이니
사랑이니
도저히 해결할 수 없는 질문들만 가지고

밤새 시름하다
새벽이 오면 또다시 그들을 붙잡아야만 했다
스물, 청춘
미치도록 서러운 이 시기를
그러나 어떻게 미워하리오

길이란

한 길을 향한 당신의 몸부림이 그립습니다
당신이 그토록 간절하게 새겨 놓던 그 다짐들마저
추억처럼 잊혀져 가는데
여전히 그 길 가운데에 당당하게 서 있는
당신이

사람들은 그런 당신을 보며
안타까운 시선을 던지기도 합니다
때론 거센 바람마저 그런 당신을 몰아붙이기도 합니다
그러나 당신은 언제나 한결같이
당신의 길을 걸어갑니다

낙엽이 지고
쓸쓸했던 대지 위에
보람처럼 하얀 눈이 쌓여갈 때
당신은
슬픔과 그리움, 행복을 담아 봅니다
그리고 또다시 가야 할 그 길을 향해
당당하게 걸어갑니다

그런 당신이 나는 그립습니다

청춘의 꽃

절망의 끝자리엔 두 갈래의 길이 있다
또 다른 도전이냐
아니면 포기냐
이곳에서 우리에겐 선택의 여지가 없다
오직 도전할 수밖에
왜냐하면 포기는 곧
걸어온 인생은 물론
남은 삶마저 의미 없게 만들기 때문이다
청춘에 있어
무의미는 곧 죽음이다
그리하여 오늘도 우리는 절망의 끝자락에서
또다시 도전할 뿐이다
설령 그 도전이 패배로만 끝날지어도
도전할 뿐이다
왜냐하면 그 속에서 비로소
청춘의 꽃이 피어나기 때문이다

백운사 벚꽃길을 걸으며

꽃이 피기를 기다렸는데
봄비 한 번에 꽃이 진다
그 짧은 삶 속으로
백운사 불상이 보인다

화려함만 남겨 놓고 떠나가는
죄를 물으련가
화려할 때 떠나야만 하는
쓸쓸함을 위로하련가

떨어지는 꽃잎에
동자승의 고요한 미소가 잠긴다

4 움직임

끊임없이 길의 의미를 묻고
길에 대한 고뇌와 향기를 전해 주시던
그분 앞에서만은
적어도 이상을 꿈꾸며
삶을 적시던 나는 행복했다

착하고 아름답게

스스로 다짐하듯
캠퍼스에 머무는 동안은 철저하게
좌파의 길을 걷고 싶었다

인사이더의 의미 없는 어울림보다는
차라리 아웃사이더의 당당한 해방을 찾고 싶었다
그러나 외로운 그 길은
때론 무서운 두려움으로 다가오기도 했다
그때마다 가끔
이상을 지향하던 순수한 모습은 미움으로 바뀌어 갔다
조금씩 조금씩
그러한 미움 속에서 이루어지던 현실과의 타협은
새벽녘 찾아드는 안개 군단처럼
날 조종하곤 했다
어디라도 좋다고
마음껏 놀아 보라고
인생 별 거 없다고
다 거기서 거기라고
이리로 가도 좋고
저리로 가도 좋고

썩은 돈 먹어도 좋고
더러운 권력에 찌들어도 좋다고
노승은 노승대로
수녀는 수녀대로
죄수는 죄수대로
돌아가는 삶이려니
하는 생각?
김수영도 가고
신동엽고 가고
사르트르도 가고
마지막 영혼 윤동주도 가고
죄다 버리고 싶을 때

길의 의미를 참꽃처럼
따스하게 알려주시던 김기현 교수님
그분의 강의 앞에서만은
나는 부자였다
그리고 행복했다

언제나 착하고 아름답게 살라며
끊임없이 길의 의미를 묻고

길에 대한 고뇌와 향기를 전해 주시던
그분 앞에서만은
적어도 이상을 꿈꾸며
삶을 적시던 나는
행복했다

어두운 숲을 거닐며

어디 즈음
당신과 내가
길 잃은 동무로 만나
초롱 눈빛 마주하며
밤새
긴 숲을 걸을 수 있다면
그믐달 실빛에도
희망이라 노래할 수 있을 텐데
울으며 걸을 수밖에 없는
길의 의미를
별들에게 전해도 보고
우리가 함께 했던
침묵의 의미를
밤벌레들에게 물어도 보며
어디 즈음
당신과 내가
벗겨진 삶의 모습으로
또다시
만날 수 있다면
벗겨진 그 모습 그대로
사랑할 수 있을 텐데

행복

벗겨질 대로 벗겨져
짓이겨진 상처로
그믐 같은 어둠에
몸이 시릴 때에도
누군가는 너에게로 다가가
화롯불 같은
사랑을 전한다

왜 나는

왜 나는 당당하게
내 아픔을 사랑해 달라고 말하지 못하는가
왜 나는 사랑이란
언제나 강하고 아름다운 것만을 주는 것이라고
바보처럼 고집하는가
밤이 되면,
쓸쓸한 눈물을 되새기는 장죽을 봐라
가녀린 바람에도 쉴 새 없이 흔들리는
댓잎들의 몸부림 앞에
새벽이면 더욱 더 굳세게 자라지 않으련가
한바탕 해조음으로 울어보랴
눈가에 흐르는 오래된 생채기들이
자랑스러운가
사랑이라면,
진정 사랑이라면

그런 사랑이었으면

오래된 강변의 모래톱처럼
세월의 옹이를 수없이 몸에 지니면서도
삶을 향해
그리운 물살을 쉼 없이 전할 수 있는
그런 사랑이었으면

묵은 텃밭에 피어나는 야생초처럼
어느 곳에 처할지라도
그들만의 추억이 있어
그들만의 희망이 있어
언제나 삶을 사랑할 수 있는
그런 사랑이었으면

빈 들에 깊어가는
외로움도 기다림이라 좋아라

흐린 날의 기다림

어디 즈음,
맹인이라던 그의 하모니카 연주에
쓸쓸한 바람이 분다
빈 들에 홀로 앉아
의미 없는 시간에 흔들리다
조각조각 부서지고픈
긴 밤의 아픔 때문일까
몇 번을 들어 봐도
가슴은 여전히 운다
어디 즈음,
우리가 희망이라 부르며
온갖 슬픔을 그리움 속에 묻어버린 채
노래할 수 있는
그곳을 말하려는 듯

유년의 기억

엄니가 바다에 조개 잡으러 가는 날이면
빈방에 허둥허둥
엄니 올 때까지 울지 않고 기다리면
과자 사 주신다는 그 말씀에
빈방에 머뭇머뭇
색 없는 볼펜을 가지고 정신없이
그림을 그려 봐도
밀물 소리는 들리지 않고
어둠처럼 펼쳐진 갯벌 위엔
점점이 늘어만 가는 사람들
대문 밖 학교에 간 누이의 발걸음 소리라도 들릴까
기다리던 마음은 휑한 눈물만 적시고
처마 밑에 대롱대롱 걸려 있는
옥수수자루만이 웃어 보일 때
벌써
기다림의 의미를 가슴에 담았으련가

야가(夜歌)

잔치는 끝났으나
멍석 위에 흐드러진 윷판가락 흥을 보챈다
술잔을 들이대며
서러운 엉덩이를 들이대는
묽은 홍시 아주매
돋아나는 취가에 때 아닌 폭우련가
허공에 흐드러지는 사연들
오가던 장돌뱅이마저 동지를 만난 듯
흥을 보챈다
설움을 돋군다

묵정밭 묵정이로 그리워진
오래된 일기 속
뜰 앞에 내동댕이쳐진 괭이며 삽자루는
아직 정리되지 않은 검은 먹구름빛
텃밭에 일렁이는 무성한 함성은
아직 끝나지 않은 싸움이려니
논밭에 홀로 남아 엄니를 보채는 아이여
잠시 울음을 그쳐라
골 깊은 아궁이 속 물먹은 땔감만 들이 넣는

화려한 성찬에 헛배만 불렀다
맛을 보기도 전에
쉴 새 없이 쏟아지던 달콤한 향기에 취해

흐드러진 술잔을 모아라
설령 달콤한 향기에 벌써 취해버린 자가 있거든
남은 술을 그의 입속에 들이 부워라
잔치는 이제부터 시작이다

무서운 인습

들녘에 남겨진 사람은
황혼 무렵의 노인들뿐이었다
한 해가 더해갈수록 어린 새들은 돋아나는 날개에
한결같이
둥지 밖 세상을 향해 드센 몸부림을 했다
곳은 이제 더 이상 그들에게
보금자리도 추억의 공간도 아니었다
설령 못내 겨워 남겨진 자가 있더라도
스스로를 욕하게 되었고
객지 생활을 훈장처럼 들먹이는 어르신들은
한결같이
안타까운 눈빛으로 바라볼 뿐이었다
며칠 전엔 신종농법을 배워왔다며
빚을 내 버섯을 키우던 용팔이가
풀 속, 뻣뻣한 시신으로 발견됐다
사유는 패작으로 인한 두려움이라던가
주위에 모여든 사람들은 마냥 익숙한 슬픔을 대하듯
쓸쓸한 눈길을 던질 뿐이다

들녘의 새벽이란 그렇듯 쉬이 어둠을 몰고 왔다

푸른 가락이 잠든 곳
그곳에 내리는 폭우는 누구의 슬픔이련가

연분홍빛 어린 꽃이 비에 젖는다

그리운 사람

한겨울 모진 추위에
엄니는 돈 벌러 바다 가고
나만 홀로 단칸 셋방에
움츠리는 몸을 가누고 있을 때
창문 틈으로 누런 웃음을 지으시며
따스한 군고구마를 쥐어 주시던 이웃집 할매
오늘 따라 당신이 떠나던 그날,
그토록 눈부시던 당신의 꽃상여가
아른거립니다
내 나이 일곱 살
죽음을 알기에는 너무나 이른 나이였지만
젊은 청년들의 어깨 위에 실려 가던
하얀 꽃상여 속에
당신이 있다는 것을 알았을 때
눈물의 의미도 모르는 난 그저 펑펑 울었습니다
토마루에 앉아서
밭두렁에서 땅을 일구면서
빨래를 널면서
구부러진 허리를 숙이며
엄니 없는 빈자리를 포근하게 감싸 주었던

그리운 할매,
어느덧 내 나이 스물아홉
당신이 살던 집은 다른 사람에게 넘어갔고
당신이 앉아 고즈넉한 황혼을 즐기던 토마루엔
낯선 사람들이 분주하게 움직입니다
어딘 듯
세월에 묻혀버린 당신의 향기는 뒤로한 채
쓸쓸한 바람만이
허공에 흐드러집니다

당신은 말합니다

당신은 말합니다
세상을 살아보니
사랑함처럼 가슴을 일깨워 주는 것은 없다고
세상을 살아 봐도
또 한 번 세상을 산다 해도
들녘에 피어나는 수많은 야생초들 앞에서
당당해질 수 있는 건
사랑함밖에 없다는 것을
당신은 그 사랑이 가고 난 다음에야
알게 되었다고
말을 합니다
실타래처럼 얽히고설킨
인연의 틀 안에서
떨어진 빵조각에 모여드는 개미 떼처럼
분주한 일상에 가려,
나 아닌 삶에
뜻 없이 모든 것을 묻으며 걸어가다
간이역에 잠시 머물고 싶을 때
비로소
사랑함만이 가야 할 길이었음을

사랑이 가고 난 뒤에야
알게 되었다고
당신은 이제 와 말합니다

가을 친구

가을이 기다려지는 건
단지 수확의 기쁨을 노래하는
농부의 발걸음만이 아니다
한순간 푸르름을 자랑하다
말없이 떠나가는
나뭇잎 또한 가을을 기다리고 있을 것이다
가을은 그렇게 모두의 행복과 슬픔을
숙연한 몸짓 아래로 감싸 안는다

슬픔이 외로움으로
외로움이 더 큰 침묵으로
온몸을 헤집고 들어올 지어도
가을에 슬픔은 더없이 따스한 친구와 같다
그리하여 우린 그 슬픔을 머금고
뜻 없이 빈 길을 헤매이기도 하고
한적한 포장마차에 앉아
오래된 그리움을
불러 보기도 한다

서로가 서로에게

초롱 같은 눈빛을 마주하며
외로움에 지친 밤을
노래할 수 있는 계절
그리하여
오늘도 바람 속에 머무는 사람들이
늘어만 간다

느린 길

그래도 희망이라 부를 수 있는
마지막 길이 있어
외롭지만은 않으리라
비에 젖은 낙엽들이
그렁그렁 빈 거리 속에서
서러운 사연들을 토해 내는 밤,
아직 노래할 수 있는
사연들이 있어
젊음을 놓지 않으련다
길 위의 이정표마다
안개 군단들이 흔적을 지우고
실타래처럼 풀리지 않는
사연들이 자랑스럽게
눈앞에 둥둥거릴 지어도
희망이라 부를 수 있는
그런 사연이 있는 한
나는 살아가리라

잊고 지낸 어느 날

살다 보면
잊혀지지 않는
노래가 있고
풍경이 있으며
사람이 있어
새삼 살아 있음의 흔적을
느낄 때가 있다

홀로 함에 더욱 깊어가는
그 그리움이 있어

어둔 밤

골목을 벗어나자
텅 빈 산이 발길을 막았다
시간이 지났을까
밥그릇이 내던져지고
유리창이 깨어지고
아이는 둥둥 빈 하늘에 대고
껍데기 같은 희망만 들이붓다
멍하니 나를 바라보았다
수줍음이었을까
두려움이었을까
아이는 나를 빨리 보내고도 싶었지만
또 나를 붙잡고 싶어 했다

전신주 위에 실빛들이 다닥다닥
울음을 토한다

죽음 앞에서도 슬픔을 모르던
아이가
골목 앞에서 슬픔을 달랜다

지는 꽃, 뒤에

눈이 내린다
심지가 다해
흔들거리는 몸부림 두고
눈이 내린다

말이 다해
침묵이 다해
내 안의 쉬지 않는 질책도 다해
의식의 끝자락 뒤로
눈이
눈이 내린다

아이는 추위도 잊은 채
둥글진 얼굴 가득
웃음만 그렁그렁

눈이 내린다
창 하나 두고
갈 수 없는 곳에
아는 듯
무성한 눈이 내린다

고란사 앞에서

잃어버림으로
더욱 가득해지는 것이 있어
오늘도 고란사 풍경 소리는
깊어만 간다

고단했던 삶의 일기도
이 즈음이면
말없이 다가서는
바람 한 점에
가냘픈 웃음을 내비친다

알 수 없는 행복에
살아 있음의 긴 숨결은
그렇게 쓸쓸한 것들을
품 안에 드리운다

꿈꾸는 것

꿈꾸는 미래는
결코 즐거움일 수는 없다
다만 기다림이 있을 뿐이다
그리고 지금이 있을 뿐이다
지금이 있기에 꿈꾸는 즐거움도
함께 할 뿐이다
외면하는 현실은 그 어떤 화려한 보답으로도
되돌아올 수 없다
다만 빈껍데기 같은 화려함을 위하여
외면하는 현실을 계속할 뿐이다
꿈꾸는 미래가 즐거운 것은
처한 지금의 현실을
노래할 수 있기 때문이다
훗날을 기약하는 기다림보다 앞서는
지금 이 순간의 모든 것들 속에
행복을 말할 수 있기 때문이다
꿈꾸는 미래는 결코 즐거움일 수는 없다
다만, 지금이 있을 뿐이다

슬픔이 깊어 갈 때

너의 눈가에
밤안개 같은 슬픔이 밀려들 때면
더욱 더 깊은 슬픔 속으로
빠져 봐라
아무도 걷지 않는
텅 빈 숲 속이어도 좋고
강변 나루에 외로이 펼쳐진
주막이어도 좋다
그런 후,
슬픔이 너에게 말하려는 것이
무엇인지 물어 봐라
그 어떤 사연일지어도
꿈꾸는 네가 있는 한,
슬픔도 벗이련다